BEI GRIN MACHT SICH IHR WISSEN BEZAHLT

Hans-Jürgen Borchardt

Kostenlose PR im Internet mit eigenen Texten

GRIN Verlag

Bibliografische Information der Deutschen Nationalbibliothek:

Die Deutsche Bibliothek verzeichnet diese Publikation in der Deutschen National-
bibliografie; detaillierte bibliografische Daten sind im Internet über http://dnb.d-
nb.de/ abrufbar.

Impressum:

Copyright © 2013 GRIN Verlag GmbH
Druck und Bindung: Books on Demand GmbH, Norderstedt Germany
ISBN: 978-3-656-41779-8

Dieses Buch bei GRIN:

http://www.grin.com/de/e-book/213264/kostenlose-pr-im-internet-mit-eigenen-
texten

GRIN - Your knowledge has value

Der GRIN Verlag publiziert seit 1998 wissenschaftliche Arbeiten von Studenten, Hochschullehrern und anderen Akademikern als eBook und gedrucktes Buch. Die Verlagswebsite www.grin.com ist die ideale Plattform zur Veröffentlichung von Hausarbeiten, Abschlussarbeiten, wissenschaftlichen Aufsätzen, Dissertationen und Fachbüchern.

Besuchen Sie uns im Internet:

http://www.grin.com/

http://www.facebook.com/grincom

http://www.twitter.com/grin_com

72 Kostenlose PR im Internet mit eigenen Texten

Dass PR für kleine Betriebe ein schwieriges Thema ist, ist allgemein bekannt. Die Redakteure haben bei der Annahme von Presseinformationen Vorgaben zu beachten, die Kleinbetriebe nur selten erfüllen können. Hinzu kommt, dass sie subjektiv entscheiden, was ihre Leser lesen sollen.

Ganz anders dagegen gestaltet sich die PR-Arbeit im Internet. Hier gibt es keine Redakteure die Zensur betreiben, Texte verkürzen oder umschreiben, sondern hier kann jeder selbst aktiv werden und seine Informationen nach eigenen Vorstellungen gestalten.

PR via Internet wird von vielen Großunternehmen zwar schon mehr oder weniger professionell betrieben, aber von den Kleinbetrieben deutlich weniger genutzt. Dabei bietet das Internet viele Möglichkeiten, dass eigene Unternehmen mit seinen Leistungen vorzustellen. Weil dieses Medium ebenfalls kostenfrei -oder mit fachlicher Unterstützung sehr kostengünstig- genutzt werden kann, hier die wichtigsten Informationen zu diesem Thema.

Die Unterschiede und was zu beachten ist
1. Die Systemunterschiede
Online-PR hat eigene Regeln und Bedingungen. Bei der klassischen PR sind die eigenen Gestaltungsmöglichkeiten sehr stark eingeschränkt. Beim Online PR sind Sie dagegen frei. Der Text, das Bild oder das Video erscheinen unverändert, so wie Sie es wollen. Deshalb ist es wichtig, dass die Maßnahme genau geplant wird, damit das gewünschte Ziel erreicht wird.

Die Grenze zwischen der Werbung und dem Online PR ist fließend. Die Informationen können sowohl allgemein als auch handlungsauslösend gestaltet werden, denn es werden nicht nur die die Redakteure, sondern auch die User (Kunden, Konsumenten) angesprochen. Das erfordert andere Texte und zwar inhaltlich wie „technisch".

2. Die Zielvorstellung
Im Gegensatz zu den bisherigen Presseinformationen ist es wichtig, dass mit der Planung konkret festgelegt wird, wer angesprochen und was erreicht werden soll,
ähnlich wie bei Ihren Werbemaßnahmen. Weil das Internet dem User die Möglichkeit bietet, durch Hyperlinks von ihrem „Pressetext" direkt auf Ihre eigenen Internetseiten (Homepage, Shop etc.) zu wechseln, ergeben sich zwangsläufig andere Texte.

3. Die Zielgruppe
Bei der konventionellen PR sind die Empfänger durch das jeweilige Medium (Zeitung, Fach-Zeitschrift, Radio etc.) vorgegeben. Bei der Online PR können Sie den Empfängerkreis bedingt bestimmen. Das ist möglich durch die Keywords innerhalb des Textes. D

4. Die Informationen

Wenn früher Presseinformationen geschrieben wurden, musste u. a. darauf geachtet werden, dass die Texte frei von Werbeaussagen waren. Bei Online PR Unterliegen Sie keinerlei Vorgaben. Es hat sich aber als wirksam erwiesen, die Texte kundenorientiert zu gestalten, d. h. zielgruppenspezifische Tipps, Empfehlungen und Ratschläge zu integrieren, um die Attraktivität der Information zu erhöhen.

Ein weiteres Mittel PR-Beiträge interessant zu gestalten, ist der Einsatz von Bildern oder Videos. Auch hier gibt es kaum Grenzen. Darum sollte immer überlegt werden, welche Bildinformationen eingesetzt werden können, um die Information verständlich und interessant zu gestalten.

Wichtig ist der Einbau von Keywords im Text. Mit guten Keywords wird zweierlei erreicht:
- Eine bessere Platzierung auf den Such-Seiten und
- die Texte werden von den Suchmaschinen besser gefunden.

Ebenso ist der Einbau von mindestens einem Hyperlink, damit die User sich direkt auf weiterführende Seiten der Firma einklicken können.

5. Der Einsatz

Die Nutzung des Internets für den eigenen PR-Auftritt kann unterschiedlich erfolgen. Sie selbst können über www.online-presseportale.de sich kostenfreie Anbieter/Verteiler suchen und alles in Eigenregie machen.

Die Alternative besteht darin, dass Sie sich einen Anbieter suchen, der Ihnen bei der Optimierung und Verbreitung Ihrer Online PR-Aktivitäten hilft. Hier gibt es eine größere Anzahl von Anbietern mit unterschiedlichen Leistungen und Preisen. Diese Unternehmen finden Sie ebenfalls unter www.onlinepresseportale.de.

Ein weiterer Vorteil dieser Verteilfirmen ist, dass diese Ihren PR-Bericht auch in die mobilen Netzwerke (Facebook, Twitter und Co.) bringen.

Empfehlung

Die Firma Adenion GmbH hat im Januar 2012 eine umfangreiche Studie zu diesem Thema erstellt, abrufbar unter: www.pr-gateway.de/presse
In dieser Studie wurden insbesondere folgende Fragen untersucht:

„· In wieweit unterscheiden sich Online-Pressemitteilungen von klassischen Pressemitteilungen?

· Wie verändern sich Ausrichtung, Inhalte und Formate der Online-Pressemitteilungen?

· Welche Elemente der Suchmaschinenoptimierung werden in Online-
Pressemitteilungen eingesetzt?

· In welchem Umfang werden diese strategischen Elemente eingesetzt?

· Wo ergeben sich Verbesserungs- und Optimierungsmöglichkeiten?

Untersucht wurden 20.164 Pressemitteilungen, die im August und September
2011 auf über 180 Presseportale veröffentlicht wurden."

Interessant in dieser Untersuchung sind die Tipps, die gegeben werden, um
grundsätzliche Fehler beim Einsatz von Online PR zu vermeiden:

„Tipp 1: Ein klarer Aufbau sorgt für eine gute Lesbarkeit
Eine übersichtliche Struktur und Gliederung erleichtert das schnelle Erfassen
der Textinhalte einer Pressemitteilung. Die Überschrift eines Textes sollte
maximal 63 Zeichen betragen, damit Suchmaschinen wie Google diese
vollständig darstellen. Danach sollte ein Leadtext in zwei bis drei Sätzen
folgen. Er informiert über die wichtigsten Inhalte der Meldung und erweckt die
Neugier des Lesers auf den folgenden Inhalt. Der Haupttext bietet in zwei bis
fünf Absätzen mit klaren Zwischenüberschriften alle Informationen der
Pressemitteilung. Den Abschluss bilden Kontaktinformationen und Abbinder.
Die Kontaktinformation ermöglicht interessierten Lesern eine direkte
Kontaktaufnahme mit dem Unternehmen. Dazu gehören Email- und
Webadressen des Unternehmens genauso wie die Anschrift und die Nennung
eines Ansprechpartners. Der Abbinder enthält allgemeine Angaben und
Informationen zum Unternehmen, die für potentielle Kunden nützlich sein
können.

Tipp 2: Qualifizierte Inhalte schaffen einen Mehrwert für den Kunden
Die Inhalte einer Pressemitteilung sollten auf ihre Leser zugeschnitten sein.
Eine erfolgreiche Pressemeldung bietet zielgruppenorientierte Inhalte, die
Antworten auf Fragen und Lösungen für Probleme bieten. Unternehmen
können so ihr Fachwissen zeigen, die Werbebotschaft der Pressemeldung sollte
in den Hintergrund treten."

Hans-Jürgen Borchardt